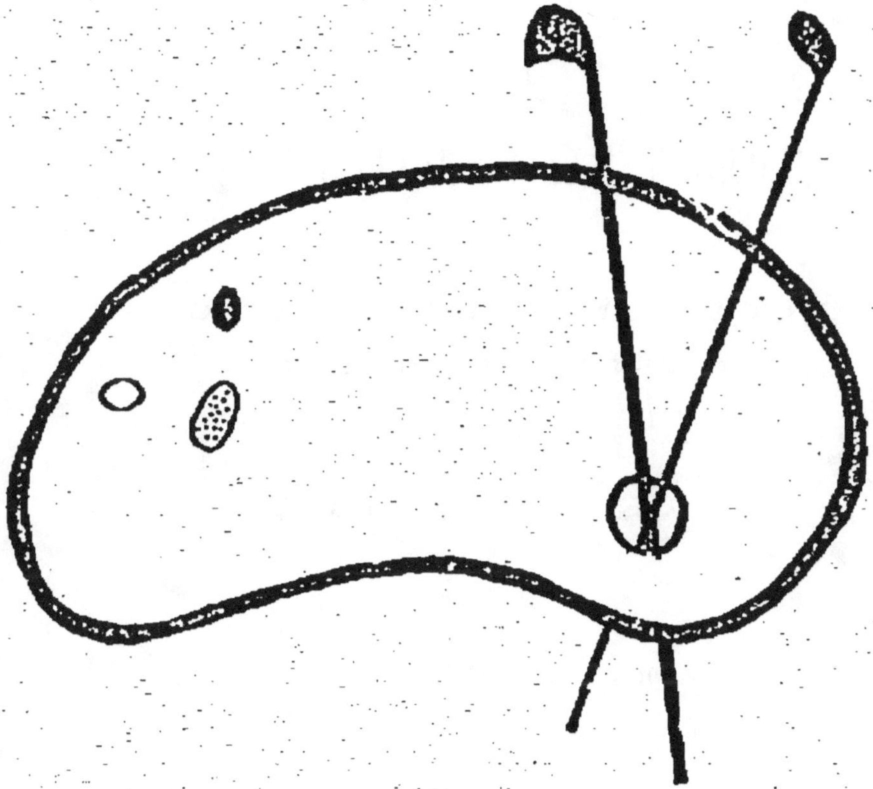

DEBUT D'UNE SERIE DE DOCUMENTS
EN COULEUR

NOTES ET RECHERCHES

SUR LES

APPARITIONS

DE

TILLY-SUR-SEULLES

LEUR ORIGINE — EXPLICATIONS

LA VÉRITÉ DÉVOILÉE

PAR

H. LE BOULANGER

PRIX : **60** CENTIMES

BAYEUX

IMPRIMERIE TYPOGRAPHIQUE O. PAYAN

— Rue Royale —

1896

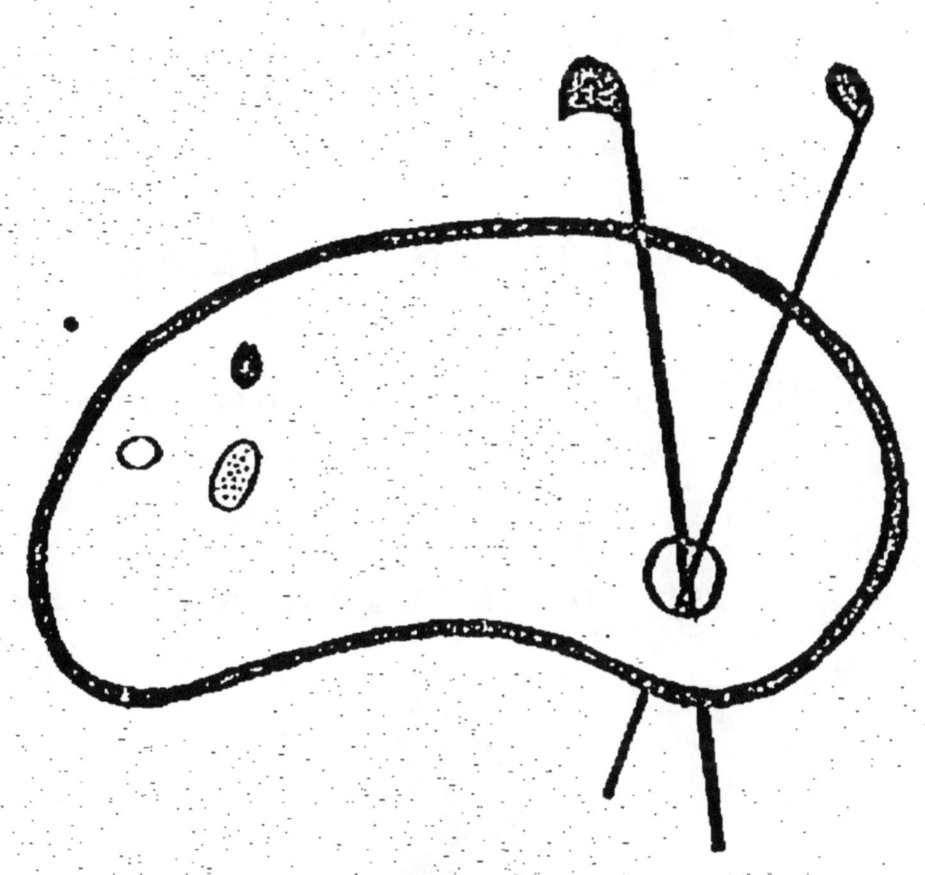

FIN D'UNE SERIE DE DOCUMENTS
EN COULEUR

NOTES ET RECHERCHES

SUR LES

APPARITIONS

DE

TILLY-SUR-SEULLES

LEUR ORIGINE — EXPLICATIONS

LA VÉRITÉ DÉVOILÉE

PAR

H. LE BOULANGER

BAYEUX

IMPRIMERIE TYPOGRAPHIQUE O. PAYAN

— Rue Royale —

1896

Chers Lecteurs,

Il ne faut pas vous attendre à trouver, dans ce recueil, la solution du problème qu'offrent à la curiosité des esprits les apparitions de Tilly-sur-Seulles ; il ne m'appartient pas de sonder les profondeurs de l'Inconnu pour vous satisfaire tous, croyants ou incrédules.

Je me contenterai donc de relever très exactement les faits qui se sont passés à Tilly, depuis le jour de la première apparition de la Vierge.

Je n'ai cependant pas limité mes recherches ; mais cette brochure, pour incomplète qu'elle soit, peut ouvrir la voie à ceux qui voudront faire mieux. Je les y engage même, ayant le désir que chaque chose ait son histoire.

LE BOULANGER,
Libraire,
A TILLY-SUR-SEULLES.

TILLY

SON SITE — SON COMMERCE — SES HABITANTS

SES MONUMENTS

Saint-Pierre de Tilly-Verrolles, ou encore *Ecclesia de Tilleyo seu de Verrolis,* comme je vous le dirai plus loin, était autrefois le nom de Tilly, que l'on appela plus tard Saint-Pierre de Tilly, puis Tilly-sur-Seulles. Cette dernière appellation date de la Révolution.

Tilly, par son site, sa position champêtre, est bien le plus bel endroit que tout curieux touriste puisse choisir comme but de promenade. De quelque côté que l'on arrive, on ne voit que prés s'étendant au loin ; quelques maisons disséminées çà et là animent le paysage.

Quatre grandes routes mettent le bourg en communication avec les principaux centres commerciaux du département.

Tous nous ne regrettons qu'une chose : c'est que le sifflet strident et aigu d'une machine à vapeur ne vienne pas mêler ses notes discordantes au gazouillement harmonieux des oiseaux faisant leurs nids dans les arbres qui bordent nos routes.

Tout arrive à point à qui sait attendre, a dit un sage.

Au point de vue commercial, Tilly n'est pas le chef-lieu de canton le plus favorisé. Quoique ses habitants fassent le possible pour attirer le monde à son marché, jusqu'à ce jour il est resté au-dessous de la moyenne.

Cependant Tilly fait un très fort commerce de chaux hydraulique et d'eaux-de-vie. Ces deux branches de commerce occupent un certain nombre d'ouvriers de la commune.

Les habitants de Tilly sont en général un peu défiants, mais bons pour l'étranger. Ils aiment à rendre service. Les pauvres sont toujours bien accueillis. Beaucoup viennent des communes voisines chercher une aumône qu'ils croient leur être dûe. La sagesse des habitants a su en outre créer un bureau de bienfaisance pour soulager la misère.

Quant aux monuments de Tilly ils ne sont pas nombreux.

L'église de Tilly, travail du xıe siècle, est située à flanc de côteau et au bord de la Seulles. C'est de prime abord un monument de médiocre apparence ; mais, dans le détail, on y trouve de fort belles choses. La tour carrée dans laquelle se balancent 4 magnifiques cloches est pourvue de très belles fenêtres ogivales. La porte d'entrée de la nef est une ouverture en voûte surbaissée, ainsi que les arcades du chœur. Le tout produit le plus bel effet.

Tout à côté se trouve le beau Calvaire donné par M. Lepetit. Il est placé au-dessus d'une grotte, en briques et pierres de taille, renfermant un groupe de personnages, en pierres dures d'une grande valeur, représentant N.-D. de Pitié. Lorsqu'on vient de Tilly l'effet est très joli.

A quelques pas de là est le château de Tilly, situé près de la rivière. Il fut jadis une belle habitation dont il ne reste que la façade. Des deux grandes ailes détruites il n'y a plus, debout, qu'une petite construction à usage de communs. La grille en fer forgé, qui ferme le château d'un côté, mérite d'être vue. Le parc a été défriché par l'ancien propriétaire et les deux ponts de bois situés sur la rivière ont été enlevés.

Nous avons aussi des restes de la vieille église encore

debout malgré les années. Elle sert à l'heure actuelle de grenier à fourrages. On peut la voir rue d'Enfer.

Voici sur Tilly quelques lignes de Béziers citées par M. le chanoine Deslandes, dans un récent article sur l'ancienne chapelle :

« Tilly-Verrolles (Saint-Pierre de)........ Il y a un beau château neuf entouré de douves et de la rivière......... Le possesseur a des droits de patronage et de présentation à la paroisse et *chapelle du même lieu.*

« Notre-Dame-du-Val-de-Tilly est la chapelle dont on a fait mention ci-dessus. Elle est très ancienne et paraît avoir été considérable autrefois. Il y avait un trésorier et quatre chapelains à la nomination du seigneur, il n'y en a plus que deux aujourd'hui. M. de Nesmond, évêque de Bayeux, par son ordonnance du 17 novembre 1712, obligea ces deux chapelains à résider à Tilly, à célébrer alternativement la messe chaque jour et à assister aux offices divins de l'église paroissiale les dimanches et fètes, au lieu de celui qu'ils étaient tenus de faire dans leur chapelle. Cette ordonnance fut donnée à la requête de Jacques Le Fournier, écuyer ; sieur de Francheville, châtelain, seigneur et patron de Tilly et Hottot, pour la seconde portion.

« Le chartier compilé par le Sénéchal de châtellenie sur le témoignage de 12 hommes, d'entre 40 et 70 ans, en 1375, rapporte ce qui suit au sujet de cette chapelle :

« La capelle de N.-D. du Val de Tilly par les seigneurs qui ont été en dit lieu de Tilly anciennement fut illecques fondée en leur fond et domaine, édifiée par eux et du lour et douée de lours biens, possessions et revenus pour 5 chapelains ou chanoignes et lesquels seigneurs de Tilly y retindrent participation en prières et oresons et messes et autres divins services illecques dis et célébrés et se y retindrent le patronage pour chacun des lieux et béné-

fices desdits chanoignes pour chacune fois qu'ils échar-
roient vacants et avecques s'en y retindrent la seigneurie
de ladite capelle et se y retindrent le pouvoir de droits d'y
mettre et instituer clerc ou consteur pour desservir ladite
chapelle par manière de prébende ou bénéfice, et le clerc
ou coutour qui a ce fait et est ordené joït et expiette ès
proufis et émoluments qui à ce sont ordenés et desquels
bénéfices depuis le temps de la création, édification et do-
tation de ladite capelle lesdits seigneurs dudit lieu de
Tilly continuelement ont été et sont en possession et sai-
sine paisiblement du patronage et droit de présenter ès
5 bénéfices ou chanoinies, et de mettre et establir illecques
ledit clerc ou coutour. »

« Le seigneur châtelain de Tilly présente à la cure et
aux deux places de chapelains. Il paraît qu'en 1356, suivant le livre Pelut, la présentation à la cure était en litige
entre l'héritier de la terre d'Auvricher et le seigneur de
Tilly. Auvricher est le nom d'un fief sis à Tilly. Le même
manuscrit cite cette paroisse sous le nom de Ecclesia de
Tilleyo seu de Verrollis. Dans une provision du 4 août
1484 donnée pour la cour dudit lieu par Renée de Couesme,
veuve et comtesse de Vertus et de Tilly, on l'appelle
l'église paroissiale de Verrolles et le droit de nommer est
fondé sur la qualité de dame et baronne de Tilly. Verrolles
était-il le nom primitif de Tilly? ou ces deux noms lui
étaient-ils communs ? ▪

M. le Pouillé-Lamare ajoute ceci :

« Saint-Pierre de Tilly-Verrolles patronage laïque;
décimateur le curé seul dans l'isle et moitié dans Tilly. »

« Saint-François de Tilly-Verrolles ou d'Orceau. Cette
cure a été érigée vers 1774. L'église paroissiale est la
chapelle Notre-Dame du Val de Tilly, dans laquelle il y
avait deux titres de bénéfices simples qui ont été unis à la

cure. Les chapelains possèdent environ la moitié des grandes dîmes de Tilly, après leur mort le curé en jouira avec les verdages. »

De M. de Caumont, dans sa statistique du Calvados :

« Une chapelle, dont les restes subsistent encore, s'appelle N.-D. de Tilly ; elle est très ancienne... Cette chapelle se voit au milieu du bourg, près de la route qui tend vers Lingèvres ; elle doit appartenir à la seconde moitié du XII⁰ siècle et présente assez d'intérêt pour être visitée. La porte principale, au nord, est ornée de deux archivoltes, garnies l'une de zig-zags, l'autre de losanges. Le linteau en voûte surbaissée est formé de pierres dont la coupe se trouve rarement, il est vrai, dans les constructions du XII⁰ siècle. Les fenêtres sont en ogive, des modillons décorent l'entablement, l'arcade qui sépare le chœur de la nef est garnie de zig-zags. L'extrémité occidentale de la chapelle a été reconstruite ; elle était, dit-on, surmontée d'une petite tour. »

M. le chanoine Guérin ajoute ceci :

« 6 février 1774. Décret d'érection par Mgr de Rochechouard de la chapelle de N.-D. du Val en église paroissiale, sous le titre de Saint-François de Tilly, et portant extinction des trois titres de la fondation de la chapelle du Val qui avait deux chapelains pour dire la messe le dimanche *ad turnum*.

« Les registres des Insinuations Ecclésiastiques du diocèse de Bayeux nous font connaître un certain nombre de nominations à la chapelle de N.-D du Val de Tilly. »

De l'abbé Barrette je tire ce qui suit :

« En 1419, le roi d'Angleterre fit raser la forteresse de Tilly-Verrolles afin, dit-il dans son ordonnance, qu'elle ne puisse plus servir de retraite aux brigands, c'est-à-dire, dans son langage, aux ennemis de son usurpation.

« Un jour, en 1171, Henri II, roi d'Angleterre, invita tous ses seigneurs à dîner dans son château de Noron. Comme c'était la première fois qu'il venait en Normandie, il invita le seigneur Guillaume de Tilly, grand sénéchal de Normandie avec lequel il était en guerre, et la paix fut signée ce jour-là.

« A 3 kilomètres environ de Tilly se trouve Couvert où l'on voit les ruines d'une chapelle appelée Sainte-Bazile. A cet endroit on a trouvé des tuiles à rebords, des coins en bronze ayant servi probablement aux Romains à maintenir leurs tentes, des pièces de monnaie à l'effigie de l'empereur Claude, des objets en bronze que l'on a crus antérieurs au Xe siècle et pouvant se reporter à l'ère mérovingienne. »

Comme, à Tilly, on appelle cet emplacement Ville de Baccaïe et que l'on raconte sur cette prétendue ville quantité de fables plus ou moins vraies, je suis de l'avis de M. Fovarque, de Lille, et je pense qu'on devrait faire des fouilles à l'endroit où se montre la Vierge. Peut-être est-ce là l'emplacement de la chapelle du château de Tilly et en retrouverait-on quelques vestiges.

On trouve aussi, dans les environs, le magnifique château de Cordillon, château construit avant la Révolution sur l'emplacement du vieux, bâti en 1210 par Guillaume de Soliers, seigneur de Lingèvres, ainsi qu'une abbaye qui s'appelle abbaye de Cordillon, sous le patronage de Saint-Laurent et occupée par l'ordre de Saint-Benoist. En ce moment, on fait des fouilles pour retrouver les restes d'un souterrain qui, disent les légendes, devait aller au château de Guillaume, seigneur de Tilly-Verroles. Pour ma part j'ai vu le travail et les ouvriers se trouvaient en face d'une très grosse pierre qui fut soulevée en ma présence, mais l'on ne trouva que du sable fin. Néanmoins les travaux continuent avec une certaine ardeur.

Ce château et son magnifique parc appartiennent à M. Fabre, de Paris, grand amateur de belles choses.

Tilly, à l'heure actuelle, possède une école de garçons, vaste bâtiment pouvant être affecté à un grand pensionnat; deux écoles de filles: une école laïque contigüe à la mairie et à la justice de paix, puis une école congréganiste sise au haut de la côte qui domine Tilly sur la route de Bayeux. C'est de cet endroit que les petites filles de cette école ont vu la première des apparitions dont je désire vous entretenir.

Permettez-moi auparavant de vous faire une petite description du ravissant paysage qui s'offre de cet endroit au regard des visiteurs.

A droite du bourg, et un peu au-dessus, est le magnifique château de Juvigny, entouré de ses belles futaies et de son immense parc, où le touriste trouvera, comme architecture, dessins hiéroglyphiques, de quoi remplir un carnet.

Dans la même direction, en remontant le cours de la Seulles, petite rivière aux eaux limpides prenant sa source à Saint-Pierre-du-Fresne et se jetant dans la mer de la Manche, à Courseulles, vous trouvez Feuguerolles, charmant pays à 6 kilomètres de Tilly.

A gauche du bourg, vos regards plongent dans une jolie vallée pleine de verdure et de feuillage. De là, où j'ai pris ces notes, je vois la rivière, calme et tranquille à cet endroit, se dérouler comme un ruisseau d'argent sous le brillant soleil qui nous couvre de ses chauds rayons. Au-dessus de cette vallée, dans la même direction, l'église d'Audrieu, chef-d'œuvre du xıı° siècle que je ne vous décrirai pas, mais que je vous engage à visiter. Là vous trouverez à vous instruire. Je ne puis passer sous silence ces curiosités. Le motif, qu'il pourrait se rencontrer parmi mes lecteurs des connaisseurs et des amateurs, me fait un devoir de les signaler.

Sur le bord de la Seulles, dans la direction de cette église, et [sur le territoire de Tilly, se trouve un vieux moulin que le propriétaire actuel, M. Planquette, a su transformer en maison de plaisance.

VINTRAS

Dans ce vieux moulin à papier vivait, il y a 60 ans, un homme voulant se faire passer pour le Messie. Sa religion eut de nombreux adeptes qui, pour la plupart, moururent misérablement. Lui-même, après avoir mené une vie désordonnée et avoir été condamné plusieurs fois, se vit de nouveau appréhendé et condamné en 1842, par le tribunal de Caen, à plusieurs années de prison, pour escroqueries s'élevant à près d'un million, son métier de prophète ne lui rapportant pas assez.

On a voulu mêler le nom de Vintras aux faits qui se passent actuellement à Tilly. D'après les recherches de personnes compétentes, et entre autres de M. l'Abbé X..., Missionnaire Apostolique et Primat du Pape, nous sommes persuadés que les gens qui évoquaient le nom de Vintras, pour sembler faire la lumière sur les faits récents de Tilly, n'étaient que de vulgaires juifs voulant détourner seulement l'attention des croyants et la réduire à néant.

APPARITIONS

La première apparition de la Vierge a, comme je l'ai dit plus haut, été vue de l'école des Sœurs. Le 18 mars, à 4 heures du soir, les religieuses faisaient réciter le chapelet à leurs enfants, après leur avoir recommandé de prier attentivement, quand, tout-à-coup, une élève se dresse, tend les bras dans la direction du four à chaux de M. Lepetit, et s'écrie d'une voix très convaincue : Là, regardez, l'on dirait la Sainte-Vierge. Tumulte de la classe, stupéfaction des Sœurs et de la Supérieure, quand, après avoir regardé, elles virent aussi distinctement la figure puis le corps d'une Vierge portant un enfant dans ses bras. La vision semblait glisser sur un nuage rose. La Supérieure donna l'ordre de prier davantage. Durant la prière, la vision resta toujours à la même place.

A la fin de la classe, il fut recommandé aux élèves de ne rien dévoiler de ce qu'elles avaient vu, et M. l'Abbé Guéroult, Chanoine honoraire et Curé de Tilly, donna des ordres pour que la chose restât encore quelque temps secrète. Mais toutes ces jeunes têtes ne connaissent pas encore le vieux proverbe qui dit que la parole est d'argent et le silence d'or.

Aussi le fait qui s'était passé à l'école fut-il vite connu. Chacun s'entretint de l'évènement qui allait se produire presque chaque jour à Tilly.

Dès le lendemain, et les jours suivants, tout le monde de Tilly se porte vers les 4 heures du soir, en face de l'école congréganiste.

Plusieurs personnes constatent le fait de l'apparition ; d'autres ne voient rien. Les enfants et les religieuses voyaient presque chaque jour. Chacun voulut émettre à ce sujet son opinion. Une personne me dit : c'est l'effet de la réverbération du soleil sur des morceaux de verre jetés en tas dans la carrière. Après avoir moi-même vérifié, je constatai que c'était une erreur. Les monceaux de verres existent, mais le champ où est l'arbre miraculeux se trouve à plus de 400 mètres à gauche.

Une autre personne me disait également : Bah ! ce sont

les lueurs des fours à chaux de M. Lemonnier, situés à Fontenay-le-Pesnel, qui se reflètent dans les nuages. Encore une erreur : lesdits fours à chaux se trouvent sur la droite et à plus de 3,000 mètres de distance.

D'autres ont admis la possibilité d'une maison, dans la direction de l'apparition, reflétant les rayons du soleil. Il n'y en a pas.

A ce moment, nous avions à Tilly un théâtre forain appelé Théâtre Nardi (et non pas Duvey, comme l'a prétendu certain journal et certaine brochure plus ou moins religieuse, d'autant que Mme Duvey, veuve d'un ancien commerçant de Tilly, et encore établie ici, est une personne honorable incapable d'une fumisterie). Or, le Théâtre Nardi donnait tous les soirs des représentations avec projections lumineuses. On prétendait que ce pouvait bien être cet homme qui, par un moyen plus ou moins ingénieux, envoyait des projections sur la colline, nom que l'on donne à l'endroit que la Vierge a choisi pour se manifester au peuple de Tilly.

Cette dernière supposition était aussi erronée que les autres, puisque, le théâtre parti, les apparitions subsistent toujours.

Pendant environ huit jours, la Vierge se manifeste tous les jours et sous différentes formes et chaque fois plusieurs personnes le constatent.

C'est alors que plusieurs prêtres firent dire le chapelet pour provoquer les apparitions. Cela dura jusqu'au jeudi saint, jour où la statue parut couverte d'un voile avec une tache rouge sur le côté gauche. Pas d'apparition le vendredi saint, ni le samedi, ni le dimanche. Le lundi, elle fut visible presque toute la journée. Depuis ce moment, on ne l'a revue à l'école des sœurs que vers le 1er mai ; mais dans cet intervalle la Vierge se montra à une fillette de Tilly, la nommée Louise Polinière.

Louise POLINIÈRE

Louise Polinière, jeune fille de 14 ans, est très forte pour son âge; son teint bistré, ses traits accentués, ses yeux noirs et brillants lui feraient donner au moins 16 ans. On voit que l'on n'est pas en face d'un tempérament lymphatique et hystérique, comme on l'a cru d'abord, mais bien d'une bonne grosse paysanne au tempérament sanguin et à l'esprit lucide. J'habite Tilly et cependant je ne la connaissais pas. Lorsque je sus qu'elle voyait la Vierge, un soir qu'elle se rendait comme d'usage au lieu de l'apparition, je l'abordai et nous échangeâmes le dialogue suivant :

D. Pardon, mademoiselle, c'est bien vous Louise Polinière ?

R. Oui, m'sieu.

D. Vous êtes servante chez M. Travers, conseiller municipal ?

R. Oui, m'sieu.

D. C'est vous qui, m'a-t-on dit, avez vu la Sainte Vierge :

R. Dites donc vous, vous êtes dans les journaux, je ne vas rien vous dire.

D. Pardon, mademoiselle, je suis de Tilly (je lui dis mon nom), et c'est seulement à titre de curiosité que...

R. Ah ! bien, c'est pas la même chose !

Et elle commença ainsi :

« C'est le mercredi saint que j'ai vu la Vierge pour la première fois. On m'avait envoyée chercher de l'herbe pour les lapins. J'allai dans le champ d'avoine de M. Lepetit, comme attirée par une force surnaturelle. Je ne me sentais plus à mon état ordinaire, sans pouvoir m'expliquer la cause. Mon panier était plein depuis un bon moment, et j'étais encore à la même place. Je fis un effort sur moi-même ; en me redressant j'aperçus au pied de l'arbre une Sainte Vierge ayant l'air de me sourire et me tendant les bras. Je suis tombée à genoux et j'ai prié longtemps. Quand je suis rentrée chez mes maîtres, j'ai dit ce que j'avais vu. On n'a pas voulu me croire. Je n'en ai pas moins continué à me rendre au pied de l'arbre et là, je vous assure, monsieur, j'ai bien prié.

« Il faut croire que la chose a fait du bruit, car je ne suis plus seule ; beaucoup de monde me suit chaque soir. Mais cela m'est égal, car plus l'on prie et l'on chante, plus la Vierge paraît heureuse. »

J'allais continuer à l'interroger, quand soudain on l'appela. Elle me quitta, me laissant dans mes réflexions.

Je voulus en avoir le cœur net ; aussi depuis ce jour je n'ai pas manqué à faire ma visite quotidienne à cet endroit. Un jour, entr'autres, j'arrivai vers 8 heures et demie du soir. Environ 200 personnes se trouvaient sur le terrain de l'apparition. La petite Polinière vient d'arriver, me dit une bonne femme de la foule. Tout le monde chantait des cantiques et récitait le chapelet. Je me glissai tant bien que mal jusqu'au pied de l'arbre qu'aucune main pieuse n'avait su encore préserver des mutilations qu'il a subies (oubli réparé depuis lors). Voici ce que j'ai vu. Deux à trois cents personnes priaient avec une foi et une ferveur égales. Au premier rang, M. l'abbé Jules Tolmer, curé de Norrey, conduisait lui-même le chant. Après chaque cantique, il interrogeait la fillette qui voyait la Vierge.

A un moment, elle dit : Je désire que ce soit Madame Lecomte qui m'interroge. On fit avancer cette dame. Toute tremblante, elle dit à la petite Polinière : « Mais, ma petite fille, toi qui es favorisée de la Sainte Vierge, tu sais bien mieux que moi ce qu'il faut lui demander. » M. l'abbé Tolmer reprit alors la parole : « Mon enfant, demande à notre bonne Mère de nous secourir tous ; de prier pour nous auprès de son Divin Fils. Demande aussi à la Sainte Vierge si elle veut une chapelle ou une statue. »

La petite fille répéta textuellement les paroles du digne prêtre non loin duquel se trouvait aussi M. le curé de Vendes, l'abbé Touchet.

La Sainte Vierge ne répondit rien et c'est à tort que l'on a fait dire à la fillette, comme venant de la Sainte Vierge : « *Si tu engages les habitants de Tilly à me faire construire une chapelle, il jaillira ici une source qui fera la richesse du pays.* »

Les prières redoublaient. Ce même soir, j'ai entendu plusieurs personnes déclarer voir la Vierge ; notamment M. Lebas, propriétaire à Tilly, voyait la Vierge avec une robe blanche parsemée d'étoiles. Je me suis retiré très tard et profondément impressionné.

Je suis retourné bien d'autres fois au champ de l'apparition ; chaque fois un certain nombre de personnes ont vu la Sainte Vierge.

J'ai recueilli de toutes les visions celles qui m'ont présenté des garanties d'authenticité et auxquelles le nom des visionnaires, à l'appui, donne une grande force de vérité.

M. YON

M. Yon est un homme très fort et de santé robuste. Il est quincaillier à Tilly et conseiller municipal. Voici comment il raconte sa vision :

« Il y avait un bon moment que j'étais là avec ma famille

lorsqu'il me sembla voir l'arbre remuer. Je m'aperçus vite de mon erreur, car tout à côté surgit une forme de femme dont l'éclat lumineux me força à fermer un peu les yeux, tant je la voyais brillante ; elle souriait.

« Bien convaincu que c'était la Vierge, j'examinai attentivement les détails de l'apparition. Elle semblait reposer sur un nuage et l'un de ses pieds était un peu en avant. Elle portait sur la tête un diadème orné de pointes très brillantes ; l'une de ces pointes était brisée et paraissait terreuse, ce qui m'a fait songer qu'en faisant des fouilles on trouverait peut-être une statue ensevelie là depuis longtemps, si, comme je le crois, la chapelle du château se trouvait dans ces parages. »

ARCADE NOEL

Arcade Noël est un bon et paisible cultivateur de Fontenay-le-Pesnel, qui ne porte nullement le nom du *Gros Roger Bontemps* que l'on a bien voulu lui prêter, pour donner du piquant à l'affaire.

Il n'allait à la Messe que dans les grandes fêtes, et encore.

M. l'abbé Delaunay, curé de Fontenay, se rendant au champ de l'apparition, vint à passer devant l'endroit où travaillait Arcade Noël. Il lui dit, après un court entretien : « Je vais prier pour un pauvre aveugle de notre com« mune, afin que la sainte Vierge, si c'est elle, fasse un « miracle en sa faveur. »

— Bon courage, Monsieur le Curé, lui dit Arcade en se moquant un peu.

Peu d'instants après, Arcade fut ébloui par une lueur intense qui partait de l'arbre miraculeux. Il tomba à genoux, et se mit à réciter le peu de prières qu'il savait.

Puis il abandonna chevaux et charrue, en criant aux ouvriers des carrières de venir voir. Ce qu'ils firent, mais en vain. Arcade, à la suite de son émotion, fut obligé de garder le lit; depuis, il revient fréquemment au champ de l'apparition ; c'est plus fort que lui, dit-il.

Mᵐᵉ PATRY

Mᵐᵉ Patry, personne sérieuse et ancienne commerçante de Tilly, a vu aussi la Vierge. Voici ce qu'elle m'a raconté :

« J'allais au champ avec foi et convaincue qu'il s'y « passait quelque chose d'extraordinaire, mais aussi sans « espoir de voir la Vierge. A un certain moment, il me « sembla voir les arbres s'écarter ! Une statue, de teinte « grisâtre, représentant la Vierge, m'apparut. Elle avait « sur la tête un diadème dont les pointes brillaient comme « des diamants. Une de ces pointes était de la couleur de « la statue et semblait brisée. »

Je trouve assez singulier l'accord de témoignages de deux personnes, au sujet du diadème de cette statue. Je crois, comme Mᵐᵉ Patry, que si l'on fouillait la terre à cet endroit, on aurait probablement la réponse à cette énigme qui nous passionne tous.

M. DAMOISEAU

M. Damoiseau, coiffeur à Caen, rue Saint-Jean, est un parfait honnête homme, nullement ennemi du plaisir. Il venait, avec un ami, se promener à Tilly, et se moquait légèrement de l'apparition. Soudain une clarté éblouissante, venant de l'arbre, lui fit fermer les yeux. En les rouvrant, il vit la Vierge lui sourire. Rentré chez lui, il garda la chambre, par suite du contre coup de l'émotion éprouvée.

M. & Mlle FOVARQUE

Les habitants de Tilly et des environs ne sont pas seuls à se rendre au lieu de l'apparition. Un grand nombre d'étrangers les accompagnent. Parmi ces derniers, j'ai pu remarquer M. Fovarque, de Lille, homme d'une grande intelligence et de bonne tenue.

M. Fovarque était accompagné de sa sœur, vieille demoiselle au maintien digne et grave.

Ils sont restés quinze jours parmi nous et ne seraient sans doute pas partis si tôt, si un événement aussi douloureux qu'imprévu ne les eût rappelés près des leurs.

Soirées, nuits et partie de la journée étaient employées par eux à rechercher ce qu'il pouvait y avoir de vrai dans les faits qui se passent ici.

Je leur ai parlé quelques instants avant leur départ; je peux affirmer qu'ils sont partis convaincus. Mlle Fovarque a vu la Vierge à plusieurs reprises, notamment les dimanche 10 et lundi 11 mai.

Voici son récit :

« Depuis un instant, j'étais en prières au milieu de 150
« à 200 personnes qui chantaient. Tout à coup je voulus
« me relever. J'aperçus distinctement, à côté de l'arbre et
« à gauche, une statue de Vierge, les épaules couvertes
« d'un manteau bleu et une couronne d'or sur la tête.
« J'appelai mon frère qui était à quelques pas, mais lui
« ne vit rien. Une personne que je ne connais pas, étant
« étrangère au pays, me prit par le bras et me força de
« changer de place, pour voir si la vision disparaîtrait;
« mais je voyais toujours. Cette nuit-là, je l'ai vue à six
« reprises différentes. »

La même nuit, à la même heure, le courrier d'Audrieu

à Tilly, M. Amey, rentrant chez lui, a vu, clairement et au-dessus du champ, une chapelle très brillante dont il a parfaitement distingué les colonnades.

Je puis vous affirmer que celui-là n'est pas un halluciné.

M. HENRI GAULTIER

M. Henri Gaultier est un habitant de Granville venu à Tilly, comme tant d'autres, avec la croyance bien arrêtée qu'il ne verrait rien. Je me trouvais par hasard, ce soir-là, à côté de lui, quand tout à coup je le vis s'abattre comme un épi de blé sous la faulx du moissonneur. Vite, je m'empressai de lui offrir mes soins. Lorsqu'il fut remis, voici ce qu'il me dit : « J'étais venu avec des amis, pour « me promener, et je suis resté toute la journée ici. Je n'ai « rien vu. J'étais sorti du champ quand mes amis, que « voici et que j'avais perdus de vue depuis un moment, « me retrouvèrent ; ils voulaient revenir ici, mais j'étais « bien décidé à partir. Enfin, pour leur faire plaisir, je « revins sur mes pas. Oh ! Monsieur, je n'ai pas perdu « mon temps. Si vous saviez ce que j'ai vu ! Ce que c'était « beau, quoique bien triste ! Voyez, Monsieur, c'était là. « Elle me regardait et avait les bras ouverts comme sur la « médaille miraculeuse. J'ai cru un instant qu'elle allait « parler, mais la vision a disparu aussitôt et a fait place à « une tête de Christ, inclinée comme sous le poids d'un « très lourd fardeau. Cette tête de Christ avait des larmes « dans les yeux, c'est cela qui m'a fait tant d'effet. Mais « maintenant je suis bien et ne sens plus ma fatigue. »

En effet, le brave homme est resté toute la nuit à chanter et à prier.

PÉLAGIE MARTIN

Pélagie Martin, femme Desobeaux, habite Hottot-les-

Bagues ; elle est âgée, ainsi que son mari, de 65 à 70 ans. Ce sont de pauvres ouvriers qui, pour subvenir à leurs besoins, tirent de la pierre dans une carrière voisine et gagnent à ce travail fatigant à peine 1 franc par jour. Néanmoins un dimanche, ils voulurent oublier leur fatigue pour aller à Tilly.

A peine arrivèrent-ils près de l'arbre que la Vierge daigna se manifester à eux. Le mari n'a vu qu'une clarté éblouissante, tandis que sa femme a très bien distingué une Vierge tout en blanc, égrenant un chapelet bleu.

Sur le bas de sa robe était écrit en lettres d'or : « Reine du Ciel ». La vision était voilée comme une communiante.

Cette déposition m'a été faite le dimanche 10 mai, à 4 heures du soir, à plus de 1,000 mètres d'une personne appelée Mme Tesson, de Caen, qui elle-même, 10 minutes après, m'a répété textuellement la même chose.

Ces deux personnes ne se connaissent pas et ne se sont même jamais vues.

N'est-ce pas tout au moins singulier ?

Léontine ONFROY

Léontine Onfroy est une jeune personne de 15 ans, grande et forte pour son âge. Etant en place à Caen, elle vint voir son père et sa mère qui habitent Fontenay-le-Pesnel. Le jeudi 14 mai, elle partait de chez eux pour venir au lieu de l'apparition. Elle fit la rencontre du digne prêtre du pays qui lui souhaita de voir la Vierge. Ce souhait fut exaucé. Après une après midi de prières, et vers 8 heures du soir, la fillette fut favorisée de l'apparition.

Cette jeune personne fut tellement surprise qu'elle se trouva mal. C'est un fervent catholique de Fontenay,

M. Raymond Bilheux qui vint me chercher pour constater le fait et en prendre note.

Je partis. Je pus encore constater sur Léontine Onfroy l'émotion produite par la vision. Je la trouvai au milieu de 500 personnes plus ou moins avides de curiosité, mais nullement inquiètes de son sort qui réellement me fit pitié, quoique je ne sois pas trop sensible. Je parvins, non sans peine, à trouver une chaise et la fis asseoir. Je lui parlai et elle me répondit avec une peine visible.

Remise un peu, voici ce qu'elle me dit, non sans fondre en larmes : « Voilà 15 jours, j'étais venue voir la Vierge, je n'ai rien vu. J'ai demandé congé pour aujourd'hui à ma patronne et je suis venue à Tilly, accompagnée de mes parents. Fatigués, nous étions prêts à repartir ; je décidai, non sans peine, ma mère à faire un dernier tour au champ de M. Lepetit. Nous revînmes enfin à l'endroit qui m'attirait tant. A peine étais-je arrivée que je vis une forme humaine descendre d'un nuage rose : c'était la Vierge habillée tout de blanc, les deux bras étendus comme pour nous appeler à elle. J'ai surtout remarqué son air content et heureux. »

— Mais, lui dis-je, Mademoiselle, elle ne vous a pas parlé ?

— Non, Monsieur. J'étais tellement troublée que je n'ai pas songé à l'interroger.

— Mais enfin, repris-je encore, vous vous imaginez peut-être cette vision ?

— Oh ! non, Monsieur, c'est impossible, je l'ai vue me tendre les bras ; il n'y a pas moyen de douter. Je reviendrai à Tilly, car je la reverrai, j'en suis convaincue.

C'est avec foi que je reçois cette déposition ; mais ce qui me la confirme, c'est l'apparition suivante survenue au même moment à des gens qui ne s'y attendaient pas.

ARSÈNE MOFRAS

Arsène Mofras, habitant de Lassy, canton de Condé-sur-Noireau, vint à Tilly, comme beaucoup d'autres, avec le désir de voir la Vierge, tout en faisant un voyage d'agrément. Après une journée bien remplie, il parla à ses compagnons de voyage de s'en retourner. On se fit tirer l'oreille, on hésita. Oh! dit l'un, restons encore un peu. Bah! répondit l'autre, allons nous-en, elle ne veut pas se montrer à nous. Ils se mirent en voyage. Mais une fois engagés sur la route de Tilly à Caen, à deux kilomètres du champ sacré, à un endroit appelé les Ormelets, ils se retournèrent, et que virent-ils ?

Un nuage rose sur lequel semblait glisser une femme habillée tout de blanc, les bras ouverts comme voulant les appeler. Vite ces braves gens revinrent sur leurs pas, et c'est tout hors d'haleine qu'ils m'ont raconté ce que vous venez de lire.

Ceci se passait à l'heure exacte où Léontine Onfroy avait sa vision. Ces gens ne se connaissaient pas, et à 2,000 mètres de distance eurent une vision semblable.

C'est au moins incompréhensible !

ALEXANDRE BOURDON

A la même heure et à quelque distance, un jeune homme de Tilly, Alexandre Bourdon, tonnelier, était sur l'herbe en train de vider quelques verres de cidre avec plusieurs camarades. Ils s'entretenaient gaiement des apparitions.

Alexandre Bourdon se lève tout à coup en s'écriant: Mais regardez donc, je la vois ! là, distinctement. Et de sa main, il désigne l'endroit miraculeux. Depuis ce moment, tous les soirs, tête nue, son cantique à la main, il chante et prie jusqu'à ce que la fatigue le domine.

DIVERS

S'il me fallait rapporter en détail toutes les dépositions que j'ai reçues, ami lecteur, je ne vous quitterais jamais. On compte aujourd'hui, avec les enfants et les religieuses, près de 400 Voyants.

Laissez-moi vous citer encore quelques noms sans commentaire aucun.

M. Théron, voyageur de commerce, neveu d'un Conseiller général, nombreuses visions.

Mlle Dubreuil, de Bayeux, et sa tante.

Mlle Jeanne Falaise, de Caen.

M. Lemarchand, 44, rue des Carmes, à Caen.

M. Denis, voyageur de commerce, à Caen.

Mlle Elisa Louis, de Saint-Sauveur-de-Cassal (après une nuit passée au champ), a remporté un souvenir inoubliable d'une apparition.

M. Lebrun, notaire à Tilly-sur-Seulles.

Mlle Marie Martel, couturière à Cristot, nombreuses visions.

Mme Duclos, propriétaire à Tilly.

Mlle Jeanne Morel, à Tilly.

FAITS MIRACULEUX

Il convient, pour être aussi complet que possible, de mentionner maintenant, à la suite de ces diverses relations, les récits recueillis sur les faits miraculeux par lesquels la Vierge devait donner des marques de sa puissance.

Alexandre JAMET

Cet homme habite Arromanches. C'est de sa bouche que je tiens le récit suivant. A la suite d'un accident, il était resté les jambes nouées (comme l'on dit dans son pays) et ne pouvait marcher. Son mal augmenta tellement qu'on fut obligé de l'administrer. Ce jour-là, il entendit parler de la Vierge de Tilly ; c'était un samedi. Il fit vœu à la Vierge de venir à Tilly s'il revenait à la santé. Le mardi suivant, il alla à la messe et y faisait la sainte Communion. C'est le jeudi d'après que je l'ai vu à Tilly et qu'il m'a dit ce qui précède.

Le Petit BAILLY

Fernand Le Bailly est un brave homme de Fontenay, employé aux carrières. Il a deux enfants, une fillette de 7 ans environ qui a, elle aussi, vu l'apparition et un enfant de 20 mois.

Ce malheureux bébé, chétif pour son âge, ne marchait pas encore. De plus il avait la figure hideusement couverte d'une sorte de lèpre répugnante. La mère désolée s'était adressée à plusieurs médecins. Ne trouvant pas de soulagement, elle avait eu recours aux maux des saints (comme on dit ici). Elle avait tout fait pour obtenir la guérison.

Le résultat était nul.

Elle entendit alors parler de la Vierge de Tilly. Elle commença, avec cette ferveur que connaissent seules les mères affligées, une neuvaine et porta chaque jour un cierge au pied de l'arbre miraculeux.

La guérison ne se fit pas attendre.

Avant la fin de la neuvaine l'enfant marchait. Le mal disparaissait comme par enchantement. Aujourd'hui l'enfant est comme les autres enfants de son âge, il mange bien, me dit la mère dont la joie est sans bornes.

Mlle MARGUERITTES

Cette fillette, âgée de 20 ans, est une véritable erreur de la nature. Elle a l'apparence d'une enfant de deux ans. La tête seulement est énorme pour ne pas dire plus. Chaque jour je voyais la mère passer, portant sur son dos la malheureuse créature. Après une neuvaine de prières, un dimanche soir, la fillette, qui jusqu'à ce jour n'avait jamais marché, fit signe à sa mère de la poser à terre. Et au milieu de 500 personnes qui criaient au miracle, elle se mit à marcher guidée à peine par le doigt de sa mère.

Une personne digne de foi m'a dit que non-seulement l'enfant marchait mais qu'elle avait un peu grandi.

M. GUISSIER

Cet homme habite Balleroy. Il est paralysé depuis 20 ans. C'est, paraît-il, en fouettant sa jambe avec un rameau de l'arbre miraculeux qu'il a été guéri. Il est fort bien portant depuis lors et ses voisins sont très affirmatifs sur cette guérison.

———

Il y a deux ans, un journalier nommé Troplong, au service de M. Heuzé, propriétaire à Tilly, étant allé faucher de l'herbe dans un champ, fut tout-à-coup arrêté dans son travail par une lueur étrange lui venant directement de l'endroit où se trouve l'arbre miraculeux. Cet homme m'a raconté, à cette époque, ainsi qu'à plusieurs autres personnes, le fait qui suit:

« J'allais comme d'usage à mon travail. Je me sentais tout endolori; quelque chose passait sur moi qui me mettait tout pas comme à m'nhabitude (*Sic*). Vers 8 heures du matin. je vis une blancheur s'élever du côté de la haie de M. Lepetit; j'ai cru tout d'abord que c'était un nuage, prélude d'orage, comme il y en a souvent à ce moment; je me trompais, car le nuage ne se leva pas plus haut que le fossé sur lequel est plantée la haie de M. Lepetit. Du milieu de cette masse de gaz sortit une femme habillée tout de blanc, qui s'éleva un peu en l'air. Très triste d'abord, son visage s'éclaira ensuite. Elle eut l'air de me sourire, car je la voyais mieux. Ce qui me frappait, c'était son air de belle dame (*Sic*) marchant la tête inclinée pour la relever ensuite, semblant invoquer le ciel. Je n'eus nullement peur, mais je partis et dis à mon patron que je ne retournerais pas à son champ. Il voulut des explications; je ne lui en donnai pas, tellement j'étais convaincu que cette personne était surnaturelle. »

Cet homme m'a fait cette déposition six mois avant sa mort. Je la rapporte aujourd'hui comme confirmation des faits que je vous ai racontés. »

CONSIDÉRATIONS

Chers Lecteurs, je crois avoir relaté assez de faits sur les apparitions dont notre pays est témoin, pour fixer votre opinion. Deux brochures sont en ce moment en présence. La mienne est donc la troisième qui traite ce sujet intéressant. Vous saurez, vous qui me connaissez pour la plupart, qu'elle n'émane pas d'un juif.

Chaque personne citée l'est par son nom et n'est pas désignée par X ou Z. Pas d'erreur. Des faits exacts. Je vous livre la stricte vérité, espérant que vous la goûterez.

Dans cette attente, je commence une brochure sur Tilly et son canton, qui servira de complément à celle-ci.

H LÉ BOULANGER.

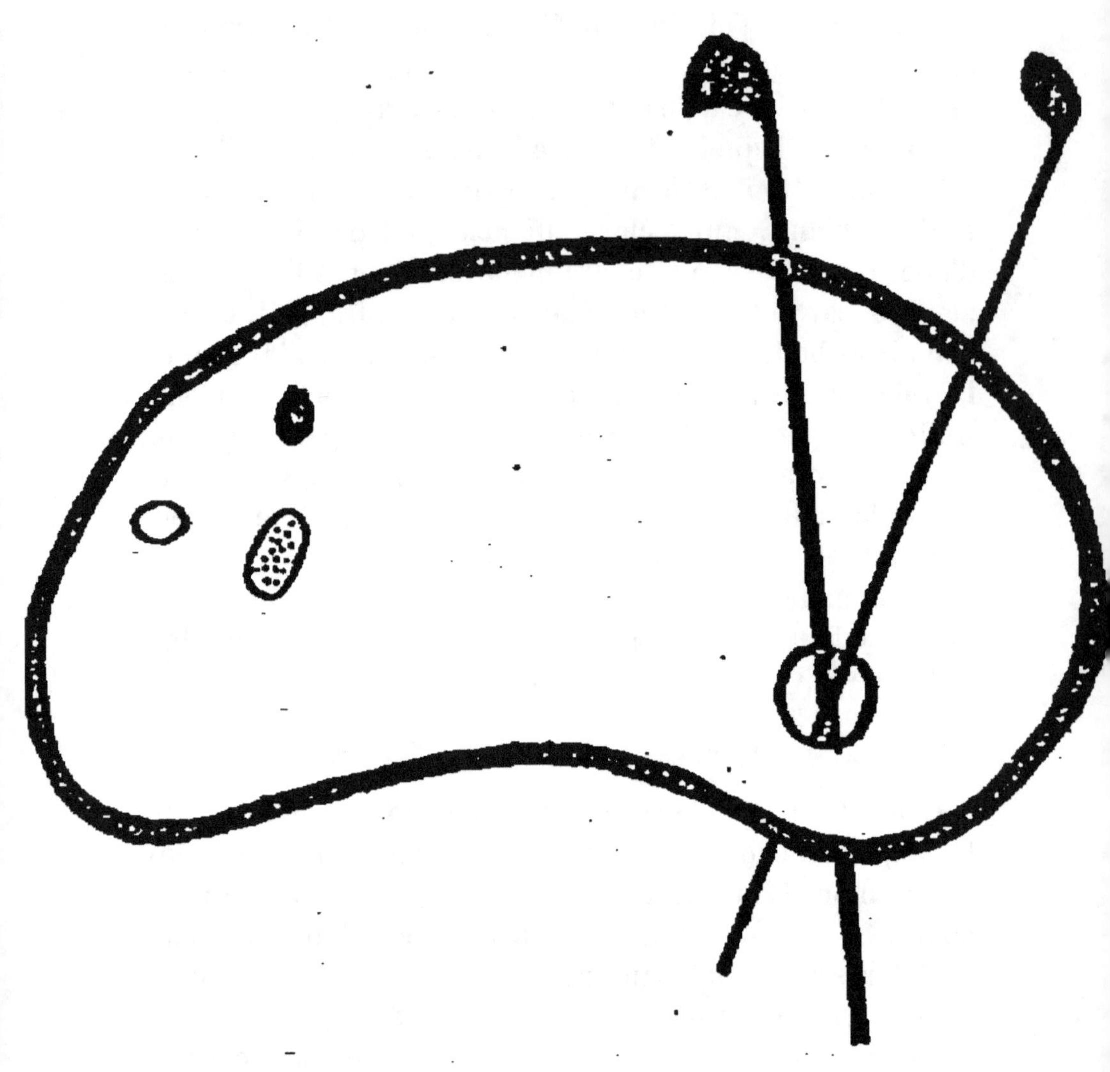

ORIGINAL EN COULEUR

NF Z 43-120-8